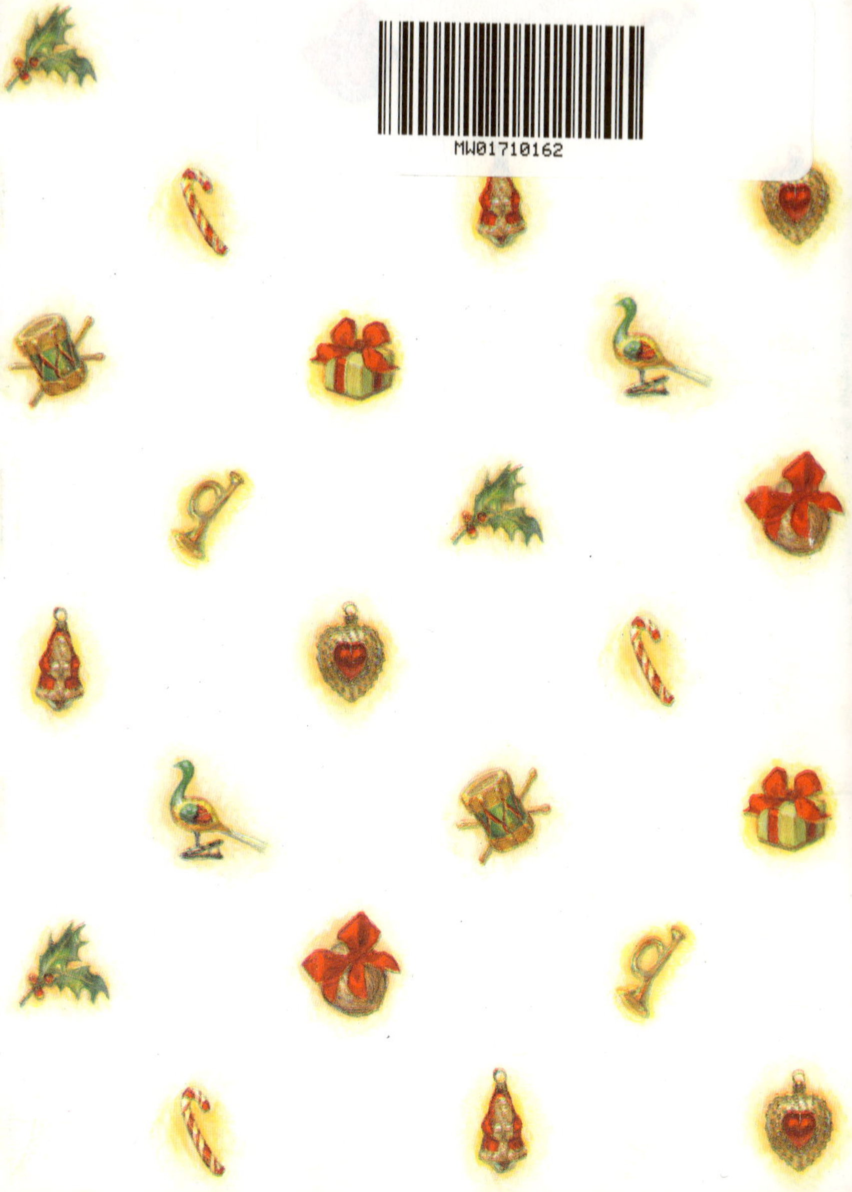

Ce livre appartient à

Casse-Noisette

D'APRÈS

E.T.A Hoffmann

ILLUSTRATIONS

Scott Gustafson

Mango

Dans la même collection

Blanche-Neige
Boucle d'or et les Trois Ours
Cendrillon
La Belle au bois dormant
La Belle et la Bête
La Petite Marchande d'allumettes
La Petite Sirène
Le Vilain Petit canard
Les Musiciens de Brême

Adaptation Fiona Black
Traduction Ariane Bataille

Dépôt légal : février 1995
ISBN 2 7404 0230 9
Impression Publiphotoffset - 93500 Pantin

Casse-Noisette

C'était le soir de Noël. La famille Stahlbaum se trouvait réunie autour d'un grand sapin magnifiquement décoré de bougies, de bonbons et de pâtes de fruits. Fritz et Marie, les enfants, étaient en train de s'amuser avec leurs nouveaux jouets quand un drôle de petit bonhomme, un bandeau noir sur l'œil et les cheveux longs et blancs, entra dans la pièce.

“Parrain Drosselmier !” s’écrièrent-ils joyeusement en se précipitant sur lui.

Malgré son étrange allure, cet homme était quelqu’un de très gentil et très habile. Il était capable de réparer n’importe quelle montre ou pendule et pouvait aussi fabriquer des jouets étonnants.

“Joyeux Noël !” dit Drosselmier en tendant à chacun un cadeau. Fritz reçut une collection de soldats de plomb armés chacun d’une belle épée, et Marie, un petit personnage en bois vêtu d’un uniforme rouge vif.

“Je te recommande d’en prendre le plus grand soin, Marie, car j’y tiens énormément !”

Marie prit le petit personnage dans ses bras. Malgré son beau costume, il était très laid, avec une grosse tête et une bouche fendue d’une oreille à l’autre.

“Mais c’est un casse-noisette !” s’exclama son père. Et il lui montra la façon de s’en servir en

plaçant une noisette dans la bouche du petit bonhomme qu'il referma d'un coup sec. Un craquement se fit entendre et la coquille tomba par terre. Marie serra le casse-noisette dans ses bras et dit : "Merci beaucoup, parrain. C'est mon plus beau cadeau !

– Comment une horreur pareille peut-elle te plaire ? demanda Fritz avec dédain.

– Tais-toi ! cria Marie. Tu vas lui faire de la peine.

– Fritz n'a pas tout à fait tort, dit Drosselmier. Ce pauvre casse-noisette est vraiment laid. Si vous le voulez, je vais vous raconter son histoire.

– Oh, oui ! " supplièrent les enfants.

Drosselmier s'installa confortablement sur son fauteuil, alluma sa pipe et commença par ces mots :

"Il y a très longtemps, vivait un roi qui avait une fille ravissante. Elle s'appelait la princesse Pirlipat. Elle avait de longs cheveux blonds et des joues roses et fraîches. Son père l'aimait plus que tout.

Un jour, il décida de donner

une grande fête en l'honneur de son anniversaire. A cette occasion, le roi, qui adorait les saucisses, demanda à sa femme de lui en confectionner trois cents, et des meilleures, car elle les faisait toujours très bien. Alors qu'elle terminait la trois centième, la reine des Souris, Dame Mouserink, entra dans la cuisine.

"Est-ce que je pourrais en goûter un petit bout ? couina-t-elle.

– Bien sûr", répondit la reine. Alors, Dame Mouserink, suivie de tous ses sujets gloutons, se jeta sur les saucisses. Et il n'en resta plus rien !

Quand le roi apprit la nouvelle, il devint fou de rage et annonça haut et fort qu'il donnerait la main de sa fille à celui qui débarrasserait le royaume de toutes ses souris.

Or l'un des plus proches conseillers du roi était un horloger très habile qui avait un neveu. Le garçon, orphelin depuis sa petite enfance, avait été élevé par son oncle. Ce neveu était charmant, beau, et possédait le don remarquable de pouvoir casser entre ses dents les noisettes les plus dures. C'est pour cette raison que tout le monde l'appelait "le Beau Casse-Noisette".

Cet horloger aurait bien aimé que son neveu épouse la belle princesse Pirlipat. Il se mit donc à élaborer le premier piège à souris du monde qu'il appâta avec de la saucisse. Puis il chargea son neveu d'installer des pièges dans tout le palais. Les sujets de Dame Mouserink furent bientôt tous attrapés et mis à mort.

Mais Dame Mouserink, elle, était bien trop maline pour se laisser prendre.

Néanmoins, le roi était si content qu'il convoqua "le Beau Casse-Noisette" et annonça en grande pompe son mariage avec la princesse.

Mais à peine avait-il fini de parler que Dame Mouserink fit son apparition et déclara :

"Moi, reine des Souris, vous jette ce sort :

le Beau Casse-Noisette, horrible deviendra et mon fils, le Souriceau aux Sept Couronnes, le terrassera !"

Les soldats du roi se jetèrent sur elle et la tuèrent. Mais quand la princesse Pirlipat se retourna vers le neveu de l'horloger, elle poussa un grand cri :

"Mon Dieu, qu'il est laid ! Jamais je ne l'épouserai !"

En effet, le beau neveu de l'horloger était devenu horrible, avec une grosse tête difforme.

L'horloger en eut le cœur brisé car il se sentait responsable de ce désastre. Il alla alors rendre visite à un célèbre astrologue pour savoir s'il était possible de rompre le charme.

"Ne désespérez pas, lui annonça l'astrologue. Votre neveu réussira à gagner son propre royaume. Mais s'il ne parvient pas à vaincre le fils de Dame Mouserink – le Souriceau aux Sept Couronnes – ni à gagner le cœur d'une dame malgré sa laideur, jamais il ne retrouvera son vrai visage."

"Voilà, dit l'oncle Drosselmier. Vous savez maintenant qui inventa le piège à souris et pourquoi le Casse-Noisette est si laid.

DES SOLSTICES

– Comment s'appelait l'horloger ?" demanda Fritz.

Son oncle eut un drôle de sourire et répondit :

"Drosselmier, comme moi."

Comme il était fort tard, madame Stahlbaum dit aux enfants de ranger leurs nouveaux jouets avant d'aller au lit.

Fritz fourra ses soldats dans l'armoire à jouets qui se trouvait dans un angle de la pièce et monta dans sa chambre. Marie, elle, demanda la permission de rester encore un peu.

"Je voudrais coucher mon Casse-Noisette comme il faut", expliqua-t-elle.

Quand tout le monde fut parti se coucher, le salon se retrouva plongé dans une obscurité mystérieuse. Marie regarda son Casse-Noisette dans les yeux, des yeux bleus si tristes qu'elle se demanda si l'histoire de son oncle n'était pas une histoire vraie. "Ne t'inquiète pas, cher Casse-Noisette, murmura-t-elle. Je ferai tout ce que je pourrai pour t'aider."

Dans la pièce retentirent alors des froissements et des cliquetis de toute sorte. Stupéfaite, Marie regarda autour d'elle. La pendule, qui avait commencé à sonner l'heure, s'arrêta. Puis elle entendit une voix, venue de nulle part, qui prononça ces paroles :

"Pendules, écoutez-moi, arrêtez votre tic-tac.
Le roi des Souris est réveillé.
La lune est pleine.
Le Casse-Noisette doit mourir."

Sur ce, des centaines de souris se faufilèrent par toutes les fentes des murs et du plancher.

Elles formèrent des bataillons et se mirent à marcher au pas. Le sol s'ouvrit ensuite et, de sous la terre, surgit une horrible souris à sept têtes. Chacune de ces têtes, plantée sur un corps énorme, était surmontée d'une couronne étincelante.

Les sept têtes lancèrent un ordre ; l'armée se dirigea vers l'armoire à jouets !

Marie était terrorisée. C'est alors qu'une autre voix se fit entendre :

"Debout ! L'heure est venue de défendre notre royaume. Allez, les jouets, suivez-moi. C'est le Casse-Noisette qui vous appelle ! "

Les poupées de Marie et les soldats de Fritz sautèrent de leurs étagères et suivirent le Casse-Noisette qui sortait d'un pas martial de l'armoire, l'épée à la main. Ils furent bientôt rejoints par les ours en peluche, les marionnettes et le clown en chiffon.

Le Casse-Noisette en tête, les jouets avancèrent bravement vers l'armée du roi des Souris. Les soldats de plomb chargèrent leurs canons avec des pépins de citron et visèrent les souris. Mais petit à petit, les souris prenaient l'avantage. Elles mordaient les poupées, frappaient les soldats de plomb et, bientôt, le Casse-Noisette fut encerclé.

“Prépare-toi à mourir !” couinèrent les sept têtes du roi des Souris en se précipitant sur lui.

Le cœur de Marie battait si fort qu’elle craignit de s’évanouir. Mais elle savait qu’elle devait sauver son ami. Elle ôta alors une de ses chaussures et la lança sur le roi.

Tout s’assombrit ensuite autour d’elle et elle s’effondra à terre. Quand elle rouvrit les yeux, toute trace de bataille avait disparu.

Le Casse-Noisette se tenait à côté d’elle, l’épée dans une main et les sept couronnes du roi des Souris dans l’autre.

“Chère mademoiselle Stahlbaum, dit-il, grâce à votre courage, j’ai été sauvé d’une mort certaine. Suivez-moi, je vais vous montrer des merveilles !”

Il aida Marie à se remettre sur ses pieds et ouvrit la porte de l’armoire à jouets.

A sa grande surprise, Marie découvrit qu’elle était assez petite pour entrer dans l’armoire.

Puis il se produisit un grand éclair et elle se retrouva dans une prairie multicolore.

"Voici la prairie des bonbons, annonça le Casse-Noisette. C'est ici mon royaume, le pays des Jouets."

Il lui fit franchir une grille faite de raisins et d'amandes et l'emmena sur un chemin de sucres d'orge de toutes les couleurs. Ils arrivèrent bientôt dans une ville de pain d'épice où des hommes et des femmes en pain d'épice leur firent de grands signes de bienvenue.

Plus loin, une autre ville était construite en sucre filé ;

de délicats personnages en verre et en porcelaine de Chine leur chantèrent des chansons.

"Il faut maintenant traverser le lac Rosa pour atteindre la capitale du royaume", dit le Casse-Noisette.

Comme il prononçait ces mots, Marie aperçut un merveilleux lac rose sur lequel dansait un petit bateau doré tiré par des dauphins.

Ils montèrent à bord. Devant eux, apparut soudain une splendide cité faite de fruits confits et de bonbons. Mais le plus merveilleux de tout ce royaume magique, c'était un sublime château surmonté de flèches roses.

"Voici ma demeure, le château de Massepain", annonça fièrement le Casse-Noisette.

Des poupées aux costumes chatoyants vinrent les accueillir :

"Bienvenue au roi du pays des Jouets !"

Trop éblouie jusque-là pour pouvoir dire un mot, Marie s'écria alors :

"L'histoire de parrain était donc vraie ! Tu es son neveu !"

"Oui, répondit le Casse-Noisette. Grâce à toi, j'ai pu vaincre le roi des Souris et retrouver mon royaume, mais..." Il poussa un tel soupir que Marie sut immédiatement qu'il pensait à la jolie princesse qui avait refusé de l'épouser.

“Je ne comprends pas pourquoi cette princesse a été si méchante, dit Marie, sincèrement désolée. Moi, je serais restée ton amie et ta compagne que tu sois beau ou laid, que tu ressembles ou non à un Casse-Noisette !”

C’est alors qu’un phénomène étrange se produisit. Le château vacilla, disparut, et Marie se sentit tomber, tomber, tomber...

Quand elle atterrit, elle se retrouva dans son lit, sa mère à côté d’elle.

“Debout, paresseuse, c’est Noël !

– Oh! maman, dit Marie, il m’est arrivé tant d’aventures extraordinaires, tu ne me croiras jamais !”

Et elle raconta à sa mère l’histoire du Casse-Noisette, du roi des Souris et du pays des Jouets.

“Tu as fait un merveilleux rêve, lui dit sa mère. Mais il faut te lever maintenant. Nous avons de la visite. Parrain Drosselmier est là, avec son neveu.”

Marie s'habilla en toute hâte et descendit en courant au salon. Elle y trouva, debout à côté de l'armoire à jouets, son parrain en compagnie d'un jeune garçon de son âge. Il avait les yeux bleus et l'air aussi gentil que son cher Casse-Noisette. Marie sut qu'elle n'avait pas rêvé.

Drosselmier laissa les deux enfants seuls. Le garçon s'agenouilla alors devant Marie.

"Chère Marie Stahlbaum, dit-il, en vous engageant à rester mon amie en dépit de ma laideur, vous avez effacé la malédiction de Dame Mouserink. Acceptez, je vous prie, d'être mon amie pour toujours et de gouverner avec moi mon royaume."

Marie sourit et répondit :

"Oh, oui !"

Et quand elle fut assez grande, elle épousa le jeune Drosselmier. Ils s'en allèrent alors au château de Massepain où ils gouvernent depuis le royaume du pays des Jouets.

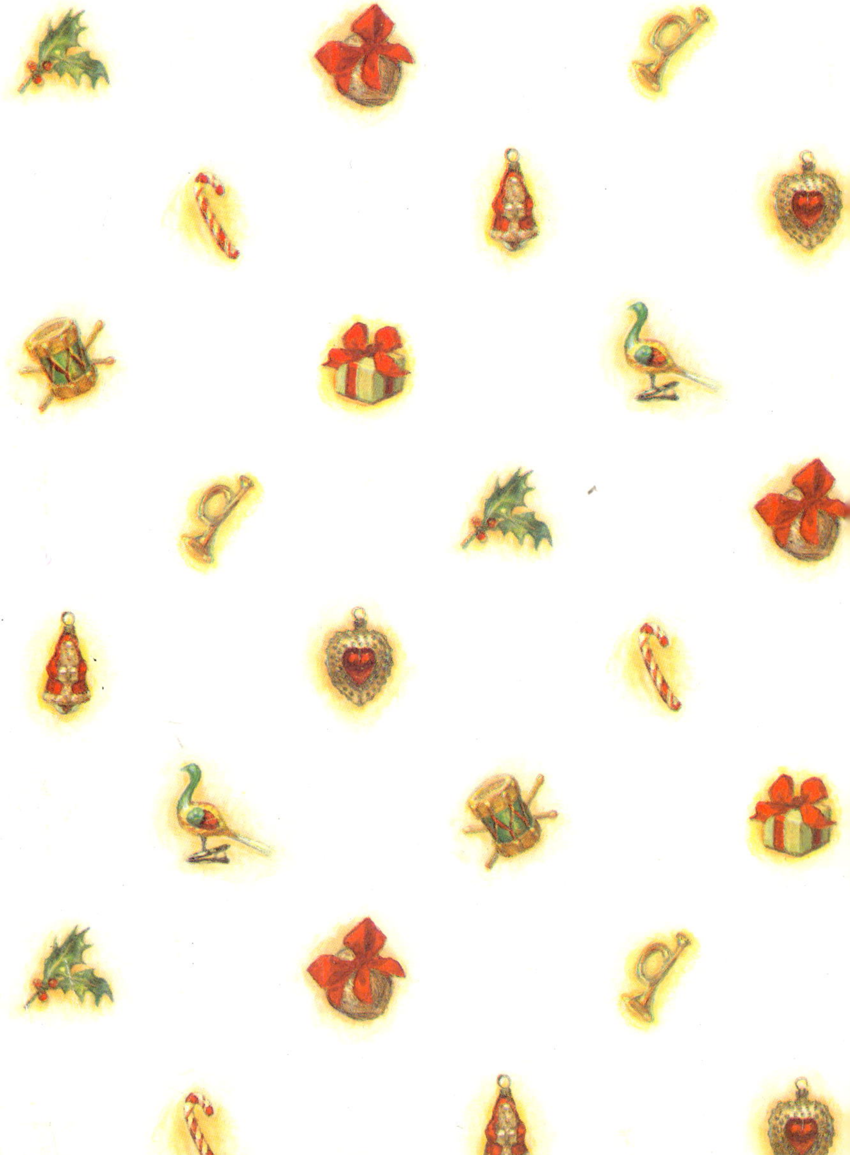